BEI GRIN MACHT SICH IHR
WISSEN BEZAHLT

- Wir veröffentlichen Ihre Hausarbeit,
  Bachelor- und Masterarbeit

- Ihr eigenes eBook und Buch -
  weltweit in allen wichtigen Shops

- Verdienen Sie an jedem Verkauf

Jetzt bei www.GRIN.com hochladen
und kostenlos publizieren

Persönlichkeitspsychologie. Persönlichkeitsmerkmale, Selbstwirksamkeitserwartung und Stress

GRIN ☺

Bibliografische Information der Deutschen Nationalbibliothek:

Die Deutsche Nationalbibliothek verzeichnet diese Publikation in der Deutschen Nationalbibliografie; detaillierte bibliografische Daten sind im Internet über http://dnb.d-nb.de abrufbar.

ISBN: 9783346400307
Dieses Buch ist auch als E-Book erhältlich.

© GRIN Publishing GmbH
Nymphenburger Straße 86
80636 München

Druck und Bindung: Books on Demand GmbH, Norderstedt Germany
Gedruckt auf säurefreiem Papier aus verantwortungsvollen Quellen

Das Buch bei GRIN: https://www.grin.com/document/1010693

Einsendeaufgabe

Abgegeben am 17. März 2019

SRH Fernschule

Modul: Persönlichkeitspsychologie

Studiengang: Wirtschaftspsychologie (B.Sc.)

Inhaltsverzeichnis

Abkürzungsverzeichnis 3

Aufgabe B1 4

Aufgabe B2 10

Aufgabe: B3 16

Literaturverzeichnis 20

Abkürzungsverzeichnis

u. a.   unter anderem

S.   Seite

WHO World Health Organization

Aufgabe B1

In der Satzung der WHO (World Health Organization) wird Gesundheit als „[...] a state of complete physical, mental and social well-being and not merely the absence of disease or infirmity" beschrieben (2009). Die Gesundheitspsychologie lehnt sich dabei an die Definition der Weltgesundheitsorganisation an und beschreibt Gesundheit im Grundprinzip als körperliches, psychisches und soziales Wohlbefinden (Vollmann & Weber, 2011). Nach Lawrence A. Pervin gibt Persönlichkeit dem Leben einer Person Richtung und Zusammenhang und setzt sich aus „nature" (Gene) und „nurture" (Erfahrung) zusammen. „Darüber hinaus schließt Persönlichkeit die Auswirkung der Vergangenheit ein, insbesondere Erinnerung, ebenso wie die Kontraktionen der Gegenwart und der Zukunft" (Pervin, 1996, S. 414). Ein Teil der Gesundheitspsychologie beschäftigt sich damit wie die Persönlichkeit eines Individuums Einfluss auf dessen Gesundheit (im Positiven wie im Negativen) hat. Es wird vermutet das Persönlichkeit aufgrund ihrer Beständigkeit Einfluss auf die Gesundheit von Individuen nimmt. Wie ein Individuum auf eine Erkrankung oder Krankheitssymptome reagiert entscheiden Persönlichkeitsmerkmale (Weber & Vollmann, 2005).

Aktuell wird in der Literatur beim Zusammenhang und Zusammenspiel von Gesundheit von Persönlichkeit von fünf Mechanismen gesprochen. Von diesen nimmt die Wissenschaft an das sie sich nicht gegenseitig ausschließen, sondern auch gemeinsam wirksam wirken können und je nach Individuum,

Verhalten oder Situation in den Vordergrund treten (Hoyer, Franke & Herzberg, 2012, S. 202; Vollmann & Weber, 2011).

Persönlichkeitsmerkmale können die Gesundheit (positiv wie negativ) durch folgende Wirkmechanismen beeinflussen:

- durch physiologische / biologische Reaktionen
- über direkte Folgen von Verhalten / Verhaltensweisen
- über indirekte Folgen von Verhalten / Verhaltensweisen
- über die Selektion von Umwelten & Sozialen Verbindungen
- über das Krankheitsverhalten

Hierbei wird davon ausgegangen das Ursache und Wirkung, also Persönlichkeit und Gesundheit sich direkt beeinflussen, allerdings ist auch eine umgekehrte Wirkrichtung vorstellbar; die Persönlichkeit wird zur Folge von Gesundheit oder Krankheit (Hoyer, Franke & Herzberg, 2012, S. 202; Vollmann & Weber, 2011).

In einem weiteren Ansatz wird vermutet das Persönlichkeit und Gesundheit in keiner kausalen Beziehung stehen, „… sondern dass beide die Folge einer gemeinsamen genetischen Prädisposition sind" (Vollmann & Weber, 2011). Diese korrelativen Verbindungen zwischen Persönlichkeit und Krankheit kann Anhand von erblicher Vorbelastung für die Entwicklung von bestimmten Erkrankungen und desselben Gen das auch für eine Prädisposition für feindseliges Verhalten ursächlich ist erklärt werden (Maltby, Day & Macaskill, 2011, S. 851, 852; Weber & Vollmann 2005).

Im Folgenden werden des „Krankheitsverhaltens", der „Selektion von Umwelten" und „direkte Folgen" von Verhaltensweisen anhand von Beispielen näher erläutert.

Persönlichkeitsmerkmale determinieren das Krankheitsverhalten zum Beispiel durch die Selbstmedikation, durch Symptomwahrnehmung und wie Individuen Medizinsysteme (ärztliche Behandlung) nutzen. Krankheitsverhalten ist ein erlerntes Verhalten und bezieht sich auf den Umgang mit Erkrankungen und deren Symptomen. (Hoyer, Franke & Herzberg, 2012, S. 204; Vollmann & Weber, 2011). Unter anderem wurde das Krankheitsverhalten im Zusammenhang mit chronischen Herzkrankheiten untersucht. Es stellte sich dabei heraus, dass es keinen Zusammenhang zwischen dem Schweregrad des Befundes und dem subjektiven Befinden eines Individuums gibt. Einige Individuen wiesen bei geringem Schweregrad ihrer Erkrankung ein sehr schlechtes subjektives Befinden auf, andererseits gab es Patienten, die ihren Gesundheitszustand positiv überschätzten. Dem Zugrundeliegend ist die eigene Wahrnehmung und Situationseinschätzung der Erkrankung ausschlaggeben wie ein Individuum auf eine Erkrankung reagiert und seine Gesundheitliche Gesamtsituation einschätzt. Zum Beispiel wurde im Zusammenhang mit Neurozismus und negativer Affektivität nachgewiesen das Individuen Schmerzempfindlicher sind, mangelndes Vorsorgeverhalten betreiben und generell eine höhere Senilität für Körperreize haben (Myrtek, 2001, S. 152; Vollmann & Weber, 2011).

Der Ansatz das Persönlichkeitsmerkmale die Gesundheit eines Individuums durch Selektion von Umwelten beeinflusst werden kann mit Folgendermaßen erklärt werden: Das Persönlichkeitsmerkmal eines Individuums kann das soziale Umfeld dessen sehr beeinflussen und hat somit als Beispiel einen Einfluss darauf wie viele soziale Ressourcen zur Verfügung stehen. Des Weiteren haben Persönlichkeitsmerkmale einen Einfluss darauf welches soziale Umfeld eine Person auswählt, hierzu zählt u.a. auch die Berufsauswahl (Hoyer, Franke & Herzberg, 2012, S. 204). Vollmann und Weber (2011) führen hierzu auch Banduras (1995) Selbstwirksamkeit auf: Individuum mit einer hohen Selbstwirksamkeit wählen anspruchsvollere Berufe, diese wiederrum führen zu mehr Anerkennung und Befriedigung und daraus resultier wieder ein höheres Wohlbefinden (S. 9, 11).

Direkte Folgen von Verhalten umfasst alle Persönlichkeitsmerkmale die unmittelbaren Folgen für die Gesundheit haben. Als negatives Persönlichkeitsmerkmal wäre Feindseligkeit zu nennen was mit erhöhtem Alkohol- und Nikotinkonsum verbunden wird (Whiteman, Fowkes, Deary & Lee, 1997). Als positive Persönlichkeitsmerkmale wird Gewissenhaftigkeit mit einem gesunden Lebenswandel und einer Reduktion von Unfallrisiken verbunden.

Gesundheitsrelevanten Persönlichkeitsmerkmalen können sowohl fördernd, Schutzfaktoren, als auch gefährdend, Risikofaktoren, auf die Gesundheit eines Individuums einwirken. Persönlichkeitsmerkmale nehmen über psychologische

Prozesse Einfluss auf die Gesundheit. Die Persönlichkeitsmerkmale werden in zwei Hauptgruppen eingeteilt: Kognitive und affektive Merkmale. Die kognitiven Merkmale umfassen unter anderem Erwartungen und Überzeugungen, die affektiven Merkmale die Regulation und das Erleben (Weber & Vollmann 2005). Kognitive Gesundheitsrelevante Merkmale umfassen u. a.: Optimismus & Pessimismus, Kontrollüberzeugung, Selbstwirksamkeitserwartung, Feindseligkeit und Kohärenzsinn. Gesundheitsrelevante affektive Merkmale umfassen u.a.: Emotionsregulation, Neurotizsmus, Feindseligkeit (Ärger), negative & positive Affektivität, Typ-A-Verhaltensmuster (Weber & Vollmann 2005, 2011).

Im Folgenden werden die beiden Persönlichkeitsmerkmale Selbstwirksamkeitserwartung und Optimismus näher betrachtet.

Optimismus ist im allgemeine eine positive Ergebnis- und Zukunftserwartung Nach Hoyer und Yorck Herzberg (2009) wird „[…] Optimismus als personale Ressourcenvariable aufgefasst, die der psychischen und physischen Gesundheit auf verschiedenen Wegen förderlich ist" (S. 69). Optimisten sind davon überzeugt das schwierige Situationen sich ins Positive wenden unabhängig ob dies Glück, Zufall oder durch eigene Anstrengung geschieht. Einige Studien konnten zeigen das Optimismus einen positiven Einfluss auf die psychische und physische Gesundheit hat. Unter anderem konnte gezeigt werden, dass es einen positiven Zusammenhang zwischen Optimismus und Lebenszufriedenheit gibt. Außerdem konnte eine negative Korrelation bei Ängstlichkeit, Stresserleben und Depressivität aufgezeigt werden (Weber & Vollmann 2005).

Das Konzept der Selbstwirksamkeitserwartung stammt vom Psychologen Albert Bandura (1995). Es geht darum das Individuen durch subjektive Überzeugung gewisse Handlungen, aufgrund eigener Kompetenzen selbst ausführen können und in schwierige Situationen selbständig handeln und in diesen selbst etwas bewirken können. Dies beeinflusst das Denken, Fühlen und Handeln sowie die Zielsetzung und die Anstrengung und Ausdauer die eine Person investiert. In Bezug auf die Gesundheit kann dies hier in Form von Präsentation entscheidend sein, z.B. beim durchziehen des Sportprogrammes, als auch im

Falle von Erkrankungen. Individuen mit einer höheren Selbstwirksamkeitserwartung sehen schwierige Aufgaben eher als Herausforderung, sie wählen herausforderndere Ziele, unternehmen größere Anstrengungen und zeigen größere Ausdauer bei der Bewältigung von Aufgaben. Außerdem gehen diese Individuen besser mit Rückschlägen und Misserfolgen um (S. 2).

Unter der betrieblichen Gesundheitsförderung werden alle gemeinsamen Maßnahmen von Arbeitgebern, Arbeitnehmern und der Gesellschaft zur Beeinflussung von Gesundheit zusammengefasst (Luxemburger Deklaration, 2007). Es geht hierbei nicht mehr nur um die Gestaltung von gesundheitsfördernden Arbeitsbedingungen, sondern auch um die Unterstützung von Arbeitnehmern bei der Akzeptanz und Umsetzung von gesunden Lebensgewohnheiten. Dabei ist zu bedenken dass es nicht nur um die psychische sondern auch um die physische Gesundheit geht. Ein wichtiger Aspekt ist auch, dass die Belastungen die in der Arbeitsumwelt entstehen sehr personenabhängig sind.

Optimismus und Selbstwirksamkeitserwartung lässt sich in einem betrieblichen Gesundheitsmanagement wie folgt integrieren. Bandura hat die Quellen von Selbstwirksamkeitserwartung identifiziert (auf diese wird auf S. 12 dieser Hausarbeit näher eingegangen). Erfolgreich bewältigte Aufgaben und Projekte führen zur Stärkung von Selbstwirksamkeitserwartung. Mitarbeitern sollte die Möglichkeit gegeben werden diese Erlebnisse zu erleben, indem Über- und Unterforderungssituationen vermieden werden, außerdem sollte eine Aufgabe auch als sinnvoll und zielführend empfunden werden. Dies kann über Gespräche und Feedback ermittelt werden. In einem betrieblichen Gesundheitsmanagement sollte nicht nur über die Selbstwirksamkeit geschult werden um ein generelles Verständnis zu erschaffen und jedem Mitarbeiter die Möglichkeit aufzuzeigen eine Quelle für Selbstwirksamkeitserwartung für andere zu sein und die eigene zu beeinflussen (Bandura, 1995, S. 3, 4, 5; Bandura, 2000).

Eine positive Kommunikation, Lob und konstruktive Kritik kann ebenfalls zur Steigerung von Selbstwirksamkeit und dem Optimismus beitragen. Untersuchungen zeigten das insbesondere in stressigen Situationen,

Optimismus eine positive Auswirkung auf das subjektive Wohlbefinden und die physische Gesundheit hat. Außerdem gibt es unter anderem positive Auswirkungen auf die Lebenszufriedenheit, das Selbstwertgefühl, Emotionen und die physische Gesundheit (Schwarzer & Jerusalem, 2002, Vollmann M., & Weber H., 2011). Das Gegenteil eines Optimisten ist der Pessimist und diese sorgen in Betrieben gerne für eine negative Grundstimmung. Oberflächlich betrachtet ist beides eine erlernte Geisteshaltung und kann deswegen beeinflusst werden. Es ist bekannt das Optimismus nicht nur die Gesundheit positiv beeinflusst, sondern auch zwischenmenschliche Beziehungen. Eine positive unterstützende Zusammenarbeitet mindert das Stesserleben am Arbeitsplatz und steigert das Wohlbefinden. Es gibt inzwischen Trainings um den Optimismus von einzelnen und ganzen Teams zu stärken. Unter anderen wird in diesen Trainings folgende Punkte behandelt: was ist Optimismus und ein Optimist, Probleme erkennen und Möglichkeiten und Chancen erkennen und ich bzw. wir können Einstellung erlernen (positives Denken). Dieses kann sich nicht nur auf der eigenen Einstellung dem eigenen Optimismus gegenüber auswirken, sondern auch auf die Zusammenarbeitet im Unternehmen. Eine positive und konstruktive Zusammenarbeit kann dann wiederum stressmindernd auf alle beteiligten Arbeitnehmer wirken.

Aufgabe B2

Der Begriff Selbstwirksamkeit „Self-Efficacy" wurde vom amerikanischen Psychologen Albert Bandura geprägt und beruht auf seinen sozial-kognitiven Theorien. Ursprünglich hatte Bandura das Konzept als ein individuelles Konstrukt aufgefasst, inzwischen hat er es um die kollektive Selbstwirksamkeitserwartung erweitert. Selbstwirksamkeit kann als die (subjektive) Einschätzung der eigenen Fähigkeiten auf Bezug auf die Bewältigung von neuen oder schwierigen Situationen und Aufgaben definiert werden. In anderen Worten bezeichnet es die Einstellung einer Person auf die Wirksamkeit seines eigenen Handelns oder den Glauben an sich selbst. Die Motivation, die Persönlichkeit und Verhaltensweisen eines Menschen werden, mehr von dem Glauben und der eigenen Überzeugung beeinflusst als von Tatsachen (Bandura, 1995, S. 2).

Bei der kollektiven Selbstwirksamkeitserwartung geht es um die Koordination und Kombination der verschiedenen Gruppen-Selbstwirksamkeiten und das Vertrauen der einzelnen Gruppenmitglieder in die Teamressourcen (Bandura, 1995, S. 2; Schwarzer & Jerusalem, 2002). Das Modell baut auf dem Behaviorismus auf, der einfach formuliert besagt: „Auf eine Reaktion des Organismus erfolgen Konsequenzen („out-come"), die darüber entscheiden, ob das Verhalten aufrecht erhalten oder verändert wird" (Krapp & Ryan, 2002). Bandura fügt hierzu noch kognitive Faktoren hinzu, da heute allgemein angenommen wird das Menschliches Verhalten von Gedanken und Emotionen gesteuert wird (Schwarzer & Jerusalem, 2002).

Personen mit einer niedrigen Selbstwirksamkeitserfahrung sind davon überzeugt, dass sie mit ihren Fähigkeiten wenig erzielen können und eher scheitern werden. Diese Personen nehmen an, dass ihr Leben mehr durch äußere Umstände und / oder dem Schicksal als von ihnen selbst bestimmt wird. Wohingegen Personen mit einer höheren Selbstwirksamkeitserwartung davon überzeugt sind, dass sie selbst etwas bewirken und schwierige Situationen bewältigt werden können. Diese Personen investieren nicht nur größere Anstrengungen und verfügen über mehr Ausdauer bei der Bewältigung von Aufgaben, sondern wählen zu Beginn schon schwierigere Aufgaben und sehen diese eher als Herausforderung (Bandura, 2000; Schwarzer & Jerusalem, 2002). Außerdem wirkt sich die individuelle Selbstwirksamkeitserwartung auf den Umgang mit Scheitern und Misserfolge aus. Mittlerweile zeigen Untersuchungen, dass die subjektive Einschätzung einer Person, den eigenen Kompetenzen gegenüber mehr Einfluss auf den Erfolg hat als die tatsächlichen Fähigkeiten dieser. Zusammenfassend schließt Bandura (1995), dass die Selbstwirksamkeit u.a. folgende Handlungsaspekte einer Person beeinflusst:

- die Wahl/Entscheidung sich in eine bestimmte Situation zu begeben (S. 58)

- die Anstrengung (Motivation), die unternommen wird um eine Aufgabe zu erfüllen (ein Problem zu lösen) (S. 58)

- das Durchhaltevermögen auf dem Weg zur Zielerreichung bzw. die Frustrationstoleranz (S. 58)

- die Gefühle während der Bewältigung von Situationen / Problemen (S. 58)

Inzwischen wurde laut Schwarzer und Jerusalem (2002) belegt das eine positive Selbstwirksamkeitserwartung eine Grundbedingung dafür ist „[…] dass Anforderungen mit innovativen und kreativen Ideen aufgenommen und mit Ausdauer durchgesetzt werden." Untersuchungen zum Thema Selbstwirksamkeit würden unter anderem nach dem Fall der Berliner Mauer an Ostdeutschen die in den Westen übersiedelten unternommen. Die selbstwirksamen Übersiedler und Flüchtlinge (unabhängig vom Alter) waren aktiver bei der Arbeitssuche, bei der sozialen Integration, generell zufriedener mit ihren Lebensumständen und gesünder (Schwarzer & Jerusalem, 2002).

Die Selbstwirksamkeit ist zeitlebens beeinflussbar, dies ist unter anderem das Ziel von therapeutischen Interventionen. Bandura hat vier Quellen zur Entstehung, Entwicklung und Beeinflussung von Selbstwirksamkeit aufgezeigt (die Rangfolge gibt die Stärke ihres Einflusses auf ein Individuum wieder):

„Mastery experiences" - Die eigenen Erfolgserfahrungen eines Individuums mit dem meistern von schwierigen Situationen unterstützt am stärksten den Aufbau von Selbstwirksamkeit. Dabei ist zu beachten das Erfolg stärkend und Misserfolg schwächend auf die Selbstwirksamkeit wirkt. Wenn jedoch ein starke Selbstwirksamkeit vorliegt, haben einzelne Misserfolge auch einen geringeren Einfluss, sondern werden eher konstruktiv umgesetzt um zu späteren Zeitpunkten erfolgreich zu sein (Bandura, 1995, S. 3, 4, 5; Bandura, 2000; Schwarzer & Jerusalem, 2002).

„Vicarious experiences" - Lernen an Modellen und Vorbildern, in anderen Worten stellvertretende Erfahrungen durch das Beobachten von erfolgreichen Modellpersonen. Das Vorbild sollte dabei in möglichst vielen Attributen mit dem Lernenden übereinstimmen (Bandura, 1995, S. 3, 4, 5; Bandura, 2000; Schwarzer & Jerusalem, 2002).

„Social persuasion" - Emotionale und soziale Unterstützung (verbale Überzeugung bzw. Überredung) durch eine Person mit Autorität. Wichtig ist dabei, dass die Anstrengung danach zu einem Erfolgserlebnis führt. Individuen die andere dadurch unterstützen, vermitteln nicht nur positive Überzeugung, sondern bieten auch Situationen in denen eine Person (sehr wahrscheinlich) erfolgreich sein kann (Bandura, 1995, S. 3, 4, 5; Bandura, 2000; Schwarzer & Jerusalem, 2002).

„Physiological and affective states" - Emotionale Zustände und Reaktionen (die Wahrnehmung eigener Gefühle) und deren Interpretation. Der Erregungszustand einer Person (z.B. das Empfinden von Angst einer Aufgabe / Situation gegenüber) kann die Beurteilung der eigenen Bewältigungskompetenzen (positiv wie negativ) beeinflussen. Es geht dabei nicht nur um die Intensität der Emotionen und der physischen Reaktionen,

sondern auch darum wie eine Person diese war nimmt und Interpretiert. Zusätzlich lässt sich festhalten das eine positive Stimmung die Selbstwirksamkeit einer Person anhebt und eine negative diese verringert (Bandura, 1995, S. 3, 4, 5; Bandura, 2000; Schwarzer & Jerusalem, 2002).

Es ist dabei zu bedenken, dass nicht alle Quellen für Selbstwirksamkeit diese automatisch beeinflussen, es kommt vor allem auf die subjektive Einschätzung der Gesamtsituation bzw. der gegeben Rahmenbedingungen an. In Bezug auf Lernen wären andere Einflussvariablen wie Vorwissen und andere Fähigkeiten, Konsequenzen und deren Anreize zu bedenken (Schwarzer & Jerusalem, 2002).

In Bezug auf die Erstellung einer Bachelorthesis lässt sich von einer „selbsterfüllenden Prophezeiung" sprechen, egal ob eine Person vom Scheitern oder vom Erfolgt des Schreibprozesses und im Endeffekt vom Erfolg der Thesis ausgeht. Selbstwirksamkeitserwartung hat einen großen Einfluss auf unsere Gefühle und damit auf unser Verhalten. Dies wiederum bestimmt über Erfolg oder Misserfolg der Thesis.

Das Modell der Selbstwirksamkeitserfahrung lässt sich folgendermaßen anwenden: Wenn eine Person überzeugt ist wirklichen Einfluss auf den Erfolg ihrer Thesis zu haben, wird sie mit mehr Überzeugung, Motivation und Durchhaltevermögen an den Prozess des Schreibens herangehen. Dies sind wiederum die Grundpfeiler für den Erfolg einer Thesis. Die andere Seite der selbsterfüllenden Prophezeiung ist eine negative Einstellung den eigenen Fähigkeiten und dem Erfolg der Thesis gegenüber. Personen die von Anfang an mit einer negativen Einstellung und mit einer niedrigen Selbstwirksamkeit an den Prozess herangehen werden einen schwierigeren Prozess erfahren und eher scheitern.

Bandura hat vier Grundlagen zur Beeinflussung von Selbstwirksamkeit vorgelegt. Diese werden in der Wissenschaft in einigen Publikationen auf den Alltag von Schülern übertragen und können auch auf das Schreiben einer Thesis angewandt werden. Die eigenen Erfolgserfahrungen sind Erfolgserlebnisse aus der Vergangenheit eines Individuums, bei dem es durch die eigene Anstrengung ein Ziel erreicht hat. Es kann helfen vergangene

Erfolgserlebnisse vor dem schreiben einer Bachelor-Thesis wieder sichtbar zu machen oder gedanklich wieder aufzurufen. Gerade ähnliche Erlebnisse können helfen z.b. welche Berichte, Projekte etc. wurden erfolgreich in der Vergangenheit bewältigt. Auch während des Schreibprozesses kann es Helfen sich an diese Erfolge zu erinnern um schwierige Schreibsituationen zu bewältigen. Auch das Setzen von Nahzielen kann eine eigene Erfolgserfahrung bieten (Schwarzer & Jerusalem, 2002). Auf die Thesis transferiert kann das realistische Zeitliche festlegen von einzelnen Arbeitsschritten sehr hilfreich sein. Ein realistischen „Zwischenziel" das erfüllt wird kann Ansporn für weitere Nahziele sein.

Stellvertretende Erfahrungen lassen sich ebenfalls positiv zur Erfolgreichen Schreiben einer Bachelor-Thesis Einsätzen. Das Heranziehen eines Vorbildes kann unterstützend wirken. Dies funktioniert allerdings nur wenn das beobachtende Individuum eine gewisse Ähnlichkeit zwischen sich und der ausgeführten Handlung sieht. Wenn ein guter Freund/-in, der Partner, ein Geschwisterteil etc. schon erfolgreich beim Verfassen einer Thesis war kann dies unterstützend wirken „er / sie hat es geschafft, warum sollte ich es nicht auch schaffen!" Es kann auch eine Unterstützung sein einen „Peer" an der Seite zu haben, jemanden der sich in die Problematiken die beim Schreiben auftreten können hineinversetzen kann, diese verstehen, selbst erlebt hat und gezielte Vorschläge zur adäquaten Problemlösung geben kann.

Eine weitere Quelle für Selbstwirksamkeit kann Überzeugung sein. Diese Form von Zuspruch kann das Vertrauen in die eigenen Fähigkeiten bis zu einem bestimmten Punkt stärken. Allerdings ist es wichtig, dass sich die Ermutigung irgendwann als gerechtfertigt erweist und vom ermutigten Individuum durch das eigene Handeln bestätigt werden kann. Eine Person die konkreten Rückmeldungen und Ermutigungen gibt kann sehr unterstützend beim Schreibprozess einer Bachelor-Thesis sein. Oftmals kann gerade eine außenstehende Person den Schreibprozess positiv beeinflussen, nicht nur durch Feedback und Reflektion, sondern auch durch die Unterstützung bei einem Misserfolg oder Problemen wie z.B. einer Schreibblockade. Nicht nur Lob und Zuspruch kann helfen, auch die Ermutigung z.B. eine Auszeit zu nehmen (sportlichen Aktivitäten nachzugehen).

Die Wahrnehmung der eigenen Gefühle und die Reaktion darauf können den Erfolg einer Bachelorthesis maßgeblich beeinflussen. Als Beispiel Angst wird gerne mit Schwäche assoziiert was wiederum zu Selbstzweifel führen kann. Ein Individuum das Angst vor einer Aufgabe als gegeben akzeptieren kann sieht darin keine Schwäche mehr. In Bezug auf das Erstellen einer Bachelor-Thesis lässt sich festhalten das der Abbau von Stressreaktion helfen kann positiv an die Herausforderung heranzutreten und im Endeffekt besser bewältigen zu können. In anderen Worten kann eine positive Einstellung der Bachelorarbeit gegenüber, die Konzentration, die investierte Anstrengung und die Ausdauer erhöhen. Zum Abbau von Stress der zum Beispiel durch Angst entsteht gibt es einige Möglichkeiten. Oftmals ist es schon hilfreich mit einem Peer oder Mentor über die aktuelle Situation zu sprechen.

In Bezug auf eine erfolgreiche Bacheler-Thesis lässt sich folgendes Festhalten: Der erste Schritt zum Erfolg ist die Bereitschaft etwas zu tun. Nicht nur im Bezug darauf die Thesis zu schreiben, sondern auch einzelne Zwischenschritte zu gehen um möglichst erfolgreich zu sein. Eine Feststellung der eigenen Stärken und besonderen Skills kann eine erste Option sein, von diesen Fähigkeiten ausgehend ist es möglich sich realistische Ziele zu setzten. Ein Individuum, das seine Stärken einschätzen kann ist sich auch seiner Schwächen bewusst. Mit Blick auf die Bachelor-Thesis lässt sich auch mit diesen erkannten schwächen arbeiten und Frustration beim Schreiben vermeiden.

Aufgabe: B3

Ursprünglich stammte das Wort Stress auch dem technisch-physikalischen Kontext und wurde erst von Hans Selye (1907-1982) in die Psychologie und Medizin übertragen. Stress, aus medizinischer Sicht ist eine körperliche Reaktion deren Sinn darin besteht den Organismus kurzfristig leistungsfähiger (Kampf oder Fluchtbereit) zu machen. Es handelt sich dabei sowohl um eine angeborene und als auch um eine erworbene Reaktion. Der Ursprung darin ist evolutionär zu erklären, da diese Leistungsfähigkeit des Überlebens des Individuums sichern kann, in der heutigen Welt gibt uns dieser Stress vor allem die Möglichkeit eine schwierige Situation zu überstehen (Lazarus & Folkman, 1984, S. 2, 12, 13). Deswegen ist es wichtig das Stress nicht generell als negativ zu betrachten ist. Positiver Stress auch als Eustress bezeichnet hat durchaus einen positiven Impact an ein Individuum, da er die Aufmerksamkeit sowie die Leistungsfähigkeit des Körpers erhöht, außerdem ist das Individuum dadurch (kurzfristig) widerstandsfähiger. Dies wiederum kann Motivation und im Endeffekt die Produktivität steigern. Wohingegen negativer Stress, Disstress genannt, in der heutigen Kultur eher mit Stress assoziiert wird. Disstress entsteht dadurch, dass die Anforderung an ein Individuum nur schwer bewältigt werden können was wiederum als Belastung war genommen wird. Im Allgemeinen kann Stress als Missverständnis zwischen den Anforderungen an eine Person und deren Möglichkeiten bezeichnet werden (Lazarus & Folkman, 1984, S. 15).

Stress löst sowohl eine motorisch als auch physiologische und emotionale Reaktion aus, diese Belastungen und Anforderungen werden Stressoren genannt. Diese Stressoren diese können sowohl durch die Umwelt als auch durch die eigenen Gedanken und Gefühle eines Individuums ausgelöst werden. Physische Stressoren umfassen unter anderem Lärm, Temperaturschwankungen, hohe oder sehr niedrige Temperaturen aber auch schon Hunger. Psychische Stressoren umfassen u.a. Versagungsängste, Zeitmangel und Überforderungen, aber auch Unterforderung und z.b. auch Langeweile. Soziale Stressoren umfassen unter anderem: Konflikte, Verlust von vertrauten Menschen und Mobbing. Wichtig zu beachten ab wann Stress sich negativ auswirkt denn die Grenzen dabei verlaufen fließend. Die Stärke und die Dauer wirken sich entscheidend auf die Stressfolgen auf, aber auch die Individuelle Erfahrungen, Veranlagungen und ob das Individuum sich freiwillig in die Situation begeben hat, tragen entscheidend dazu bei wie Stressoren erlebt werden und welche Folgen diese haben (Lazarus, 1999, S. 28, 37).

Stress beginnt im Gehirn welches wiederum verschiede psychologische und physiologische Reaktionen auslöst. Auf die Basis heruntergebrochen ist das menschliche Gehirn ein Speicher der permanenten Erfahrungen und Informationen abspeichert und diese bewertet. Auf dieser Basis kann unser Gehirn in einer ähnlichen oder gänzlich neuen Situation entscheiden wie diese eingestuft wird. Im Falle einer Bedrohungssituation löst das Gehirn eine Stressreaktion aus. Ein Individuum hat die Möglichkeit diese Stressreaktion zu analysieren und aufgrund von Erfahrungen und Wissen in eine angemessene Handlung umzuwandeln. Eine kurzfristige Stressreaktion ist aber schon vorab entstanden, diese kann u.a. eine Atembeschleunigung (Erweiterung der Bronchien), erhöhter Blutdruck und beschleunigter Herzschlag und eine erhöhte Muskelspannung beinhalten. Das Reaktionsmuster von Stress erfolgt in drei Phasen: Alarmreaktion, Wiederstandsphase und anschließend Erschöpfung (Europäische Kommission; Lazarus, 1999, S. 43, 44).

Der Psychologe Richard Larzarus und seine Mitarbeiterin Folkman veröffentliche das gegenwärtig wohl einflussreichste Stressmodel, in dem er davon ausgeht das es sich bei Stresssituationen um Wechselwirkungsprozesse (Individuum-Umwelt-Transaktion) handelt, indem ein Individuum ein Ereignis bewertet. Er erstellte die Theorie, dass die persönliche Bewertung und Deutung darüber entscheidet, was als Stress empfunden wird. Es spielt also nicht die objektive Beschaffenheit der Situation eine Rolle, sondern die subjektive Bewertung durch den Betroffenen.

Das Modell wird in drei Phasen eingeteilt (Lazarus & Folkmann, 1984, S. 32, 36, 42):

1. Primäre Bewertung (Primary Appraisal): ist die Situation überhaupt relevant oder ist diese gar bedrohlich, es findet eine Einschätzung statt wie herausfordernd, bedrohend oder schädigend die Situation ist (Lazarus & Folkmann, 1984, S. 32)

2. Sekundäre Bewertung (Secondary Appraisal): Einschätzung der Bewältigungsmöglichkeiten (Lazarus & Folkmann, 1984, S. 32)

3. Neubewertung (Reappraisal): Die Situation wird nach der Ausführung der eigenen Bewältigungsversuche erneut überprüft (Lazarus & Folkmann, 1984, S. 32)

Nach diesem Modell entsteht Stress erst wenn die Situation als negativ oder bedrohlich eingeschätzt wurde und die Bewältigungsmöglichkeiten als unzureichend eingestuft werden. Die Bewertungsebenen laufen nach Lazarus nicht nacheinander ab, sondern stehen in ständiger Interaktion (Lohmann-Haislah, 2012).

Coping, vom englischen Wort „Cope" für „Bewältigen", ist ein Sammelbegriff für Maßnahmen eines Individuums die darauf abzielen Stress und andere schädigende Umweltbedingungen zu reduzieren und zu bewältigen um eine Handlungsfähigkeit und eine Ausgeglichenheit herzustellen. Coping schließt sowohl gedankliche Prozesse als auch Verhaltensweisen ein. Coping kann reaktiv als auch proaktiv erfolgen. Es wird dabei zwischen dem problemorientierten Coping (Problem-focused coping) und emotionsbezogenen Coping (Emotion-focused coping) unterschieden (Lazarus & Folkmann, 1984, S. 150, 152)

Beim emotionsbezogenen Coping versucht ein Individuum laut Lazarus, durch die Belastung entstandenen negativen körperlichen und emotionalen Symptome zu reduzieren. Deswegen kann beim emotionsbezogenen Coping auch ein Risikoverhalten wie Drogen oder Alkoholkonsum auftreten um Probleme und Ängste zu unterdrücken (Lazarus & Folkmann, 1984, S. 150, 152).

Beispiele für Emotionsbezogenes Coping:

• Ablenkung und Entspannung z.b. durch Bewegung

- Positives Denken

Beim problembezogenen Coping versucht ein Individuum eine direkte Lösung für den Konflikt/Problem zu finden, von dem eine Bedrohung, Schädigung oder Herausforderung ausgeht oder zumindest die Stressoren zu reduzieren. Dies Erfolgt durch eine Veränderung der Umwelt oder durch die Modifikation des eigenen Verhaltens oder der Ansprüche (Lazarus & Folkmann, 1984, S. 150, 152).

Beispiele für problembezogenes Coping:

- Änderung von Arbeitsstrategien / -Organisation um die Arbeitsbelastung zu reduzieren
- Erwerb neuer Kompetenzen (z.B. Konfliktmanagement)

Ressourcen für ein angemessenes Copingverhalten kann alles sein ein Individuum wertschätzt oder worauf er Stabilisierung der Lebensumstände zurückgreifen kann: Materielles, Lebensumstände bzw. soziale Ressourcen (z.B. Partnerschaften, Bezugspersonen), persönliche Merkmale und Energien (Wissen und Geld). Aber auch erlernte Qualifikationen und Kenntnisse, Verhaltensweisen und Persönlichkeitseigenschaften können als Ressourcen verwendet werden. Diese Ressourcen können in den oben beschrieben Beispielen für Coping folgendermaßen zum Tragen kommen.

Ablenkung und Entspannung z.B. durch Bewegung: Schon ein Spaziergang an der frischen Luft kann helfen sich etwas zu Entspannen und um einen „klaren Kopf" zu bekommen. Hierzu können auch soziale Ressourcen hinzugezogen werden z.B. durch einen „Sportpartner" der motivierend unterstützt um sich regelmäßig zu Bewegen. Positives Denken: Eine positive Sicht auf eine schwierige Situation kann helfen die eigene Stimmung zu heben. Änderung von Arbeitsstrategien / -Organisation kann helfen weniger Stress zu erleben. Es kann hierbei nicht nur auf Kalender zurückgegriffen werden, sondern auch auf soziale Ressourcen die einem bei der Organisation und der Umsetzung unterstützen. Erwerb neuer Kompetenzen – das Erlernen (durch Seminare etc.) von neuen Kompetenzen um Stress zu minimieren, z.B. das Erlernen von Entspannungsübungen.

Literaturverzeichnis

Bandura, A. (2000). Cultivate self-efficacy for personal and organizational effectiveness. In E. A. Locke (Ed.), *Handbook of principles of organization behavior* 120 – 136. Oxford, UK: Blackwell.

Bandura, A. (1995). *Self-efficacy in Changing Societies*. United Kingdom: Cambridge University Press.

Constitution of the World Health Organization. Zugriff am 04.02.2019. Verfügbar unter http://apps.who.int/gb/bd/PDF/bd47/EN/constitution-en.pdf

Europäische Kommission (2000) Stress am Arbeitsplatz – ein Leitfaden. Luxemburg: Amt für amtliche Veröffentlichungen der Europäischen Gemeinschaften. Abgerufen am 11.02.2019. Verfügbar unter https://menschenrechtsverfahren.files.wordpress.com/2013/10/wc3bcrze-des-lebens-e28094-oder-gifthauch-des-todes.pdf

Hoyer J., Yorck Herzberg P. Y. (2009) Optimismus. Bengel, J., Jerusalem, M. (Hrsg.): Handbuch der Gesundheitspsychologie und Medizinischen Psychologie. Göttingen: Hogrefe.

Hoyer J., Franke G. H. & Herzberg P. Y. (2012) *Persönlichkeit und Krankheit*. In Brähler E. & Strauß B. (Hrsg.) Enzyklopädie der Psychologie Grundlagen der Medizinischen Psychologie. (S. 201 - 225). Göttingen: Hogrefe.

Krapp, A., Ryan M. R. (2002). *Selbstwirksamkeit und Motivationsprozesse in Bildungsinstitutionen Eine kritische Betrachtung der Theorie von Bandura aus der Sicht der Selbstbestimmungstheorie und der pädagogisch-psychologischen Interessentheorie. Zeitschrift für Pädagogik*, Beiheft, *44*, S. 54-82.

Lazarus, R. S. (1999) *Stress and Emotion A New Synthesis*. New York: Springer Publishing Company.

Lazarus R. S., Folkman, S. (1984) *Stress, appraisal, and coping*. New York: Springer Publishing Company.

Lohmann-Haislah, A. (2012).*Stressreport Deutschland 2012* – Psychische Anforderungen, Ressourcen und Befinden.Dortmund: Bundesanstalt für Arbeitsschutz und Arbeitsmedizin. Abgerufen am 11.02.2019 vonhttp://www.baua.de/de/Publikationen/Fachbeitraege/Gd68.pdf?__blob =publicationFile&v=17

Luxemburger Deklaration zur betriblichen Gesundheitsförderung in der Europäischen Union (2007) Zugriff am 05.02.2019. Verfügbar unter http://www.dnbgf.de/fileadmin/downloads/materialien/dateien/Luxemburg er_Deklaration_09_11.pdf

Maltby J., Day L., & Macaskill A. (2011) *Differentielle Psychologie, Persönlichkeit und Intelligenz*. München: Pearson Studium.

Myrtek, M. (2001) Subjektive Beschwerden und objektiver Schweregrad bei Herzerkrankungen. Rauch, B., Held, K. (Hrsg.): Der schwerkranke und multimorbide Herzpatient. Eine Herausforderung für die kardiologische Rehabilitation. Darmstadt: Steinkopff.

Pervin, L. A. (1996). *The science of personality*. New York. Wiley.

Schwarzer, R., Jerusalem, M. (2002). Das Konzept der Selbstwirksamkeit. Matthias, J. & Hopf, D. (Hrsg.): Selbstwirksamkeit und Motivationsprozesse in Bildungsinstitutionen. Zeitschrift für Pädagogik, Beiheft, 44. S. 28-53. Weinheim: Beltz. Zugriff am 23.01.2018. Verfügbar unter https://www.pedocs.de/volltexte/2011/3930/pdf/ZfPaed_44_Beiheft_Schwarzer_Jerusalem_Konzept_der_Selbstwirksamkeit_D_A.pdf

Vollmann M., & Weber H. (2011) Gesundheitspsychologie. Zugriff am 11.01.2019. Verfügbar unter https://kops.uni-konstanz.de/bitstream/handle/123456789/13972/Vollmann-etal.pdf?sequence=1&isAllowed=y

Weber H. & Vollmann M. (2005) *Gesundheitspsychologie Health Psychology*. Zugriff am 11.01.2019. Verfügbar unter http://kops.uni-konstanz.de/bitstream/handle/123456789/10805/Weber_Gesundheitspsychologie.pdf

Whiteman, M., Fowkes, G., Deary, I. J. & Lee, A. (1997). Hostility, cigarette smoking and alcohol consumption in the general population. *Social Science & Medicine* 44, 1089-1096.